Nina Bergmann

Sonnenkind

Sonnenkind

Gedichte

Nina Bergmann

Bibliografische Information der Deutschen Nationalbibliothek:
Die Deutsche Nationalbibliothek verzeichnet diese Publikation in
der Deutschen Nationalbibliografie; detaillierte bibliografische
Daten sind im Internet über dnb.d-nb.de abrufbar.

TWENTYSIX – Der Self-Publishing-Verlag
Eine Kooperation zwischen der Verlagsgruppe Random House
und BoD – Books on Demand

© 2020 Bergmann, Nina

Herstellung und Verlag:
BoD – Books on Demand, Norderstedt

ISBN: 978-3-7407-6955-0

INHALTSVERZEICHNIS

Titel	**Seite**
Paragraph 1 LyRiK	11
Waldgeister	12
Elfen	13
Das Leben	14
Zwei Wege	15
(M)Ein Leben für Andere	16
Der Empath	17
Ich will	18
Das Alter	19
Mein Baum	20
Sonne	22
Nebel	23
Schwarzer Dämon	24
Ohne Worte	25
Die Puppe	26
Engel	28
Angst	29
Armes Schwein	30
Alte Haut	31
Muss ich das verstehen?	32
Zwei Welten	33
Maulwurf	34
Die Katze	35
Tierschutz	36
Waidmanns Heil	37
Milch	38
Liebst Du mich?	39

Für und wider	40
Irlands Straßen	41
Nackter Mann	42
Das Handy	43
Mein Weg zur Arbeit	44
Heiß	46
Gedanke	47
Verbotene Früchte	48
Es war einmal…	49
Für immer	50
Der Aal	51
Kirchensteuer	52
Ich hätte so gern…	53
Traurig	54
Gefangenes Kind	55
Mein Baby	56
Warum?	57
Depression	58
Mauern	60
Liebe	61
Tod	62
Im Wald	64
Der Igel	65
Der Baum	66
Weihnachten	67
Julfest	68
NEIN	69
Wo ist mein Weg?	70
Ich & Ich	72
Gut genug?	73
Freund oder Feind	74
Im Wartezimmer	75

Verlangen	76
Ein Jahr als Baum	77
Artikel 6 Grundgesetz	78
Stern am Himmel	79
Der Hass	80
Regen	81
Nina	82

„Ich senke mein Haupt.
Ich habe mir erlaubt, in mich zu kehren
mich nicht zu wehren.
Es sei Dir erlaubt über mich hinwegzusehen,
doch willst Du mich bekehren,
dann erheb' ich mein Haupt,
Du kannst in meinen Augen sehen,
ich werd zu meinem Glauben stehen
und ganz egal was Du glaubst,
Du erfährst den Weg, den ich geh
gewählt durch mein Schwert."

Text: Michael DJ Beck, Thomas Dürr, Andreas Rieke und
Michael B. Schmidt
© Emi Quattro Musikverlag GmbH

Paragraph 1 LyRiK

Dem Leser wird anheimgestellt
ein Gedicht zeitnah zu beenden.

Er wird höflich darauf hingewiesen
ausreichend Gefühle zu verwenden.

Bei Nichteinhaltung wird nicht garantiert,
dass der Sinn ausreichend verstanden wird.

Waldgeister

Auf meiner Wanderung durch die Wälder,
irrte ich herum, habe nichts entdeckt.
Ich war schon hier und war schon dort,
hab nur manches Wild verschreckt.

Ich suchte nach Elfen und nach Feen,
die im Wald ihre Runden drehen.
Nach den Gnomen und den Trollen,
die nicht gesehen werden wollen.

Nach Dryaden in den Eichenbäumen,
die von Sommerregen träumen.
Nach dem Faun im Unterholz,
der den Kopf trägt hoch mit Stolz.

Ich sehe sie nicht, kann sie nicht finden,
muss wohl andere Wege gehen.
Oder meinem Gefühl stets folgen,
und nur mit dem Herzen sehen.

Elfen

Ja! Ich glaube an die Elfen
und ich glaube an die Feen.

Ich glaube sie sind immer da,
ich kann sie leider nur nicht sehen.

Das Leben

Ich gehe durchs Leben,
schau hier und schau dort.
So manches das bleibt,
anderes geht fort.

Manches das blieb,
wär besser gegangen.
Anderes was ging,
hielt ich lieber gefangen.

Ich versuche es zu lenken,
klappt leider nicht.
Denn nur das Leben selbst
schreibt seine Geschicht.

Zwei Wege

In der Mitte des Weges kann ich mich entscheiden,
bieg ich wo ab, oder werd ich hier bleiben.
Was geschieht, wenn ich hier weiter geh?
Und wenn ich dort abbieg, tut es dann weh?
Oder wird es toll und unfassbar schön?
Kann ich von dort aus den Regenbogen sehen?

Ich stecke fest, ich weiß nicht wohin.
Bin auf der Suche nach meinem Sinn.
Ich bin nicht in Eile, habe noch Zeit,
denn bis zum Ende, da ist es noch weit.
Muss gut überlegen, was ich jetzt tu,
werd mich entscheiden, in aller Ruh.

Zu sehr verweilen sollt ich jedoch nicht,
vielleicht geh ich doch schon früher ins Licht.

(M)Ein Leben für Andere

Ich geh meinen Weg schon ein paar Jahre
und dachte lange er wäre richtig.
Aber mittlerweile kam zu Tage,
mir waren die falschen Dinge wichtig.

Immer allen gefallen wollen
und niemals meine Meinung sagen.
Immer nett sein – unentwegt
und niemals Dinge hinterfragen.

Schmerzhaft war nur das Erwachen,
konnt ich es doch schnell dann sehen:
Beeinflusst hatten mich zu viele,
um selber besser da zu stehn.

NEIN zu sagen musste ich lernen,
lange fiel mir dies zu schwer.
Doch langsam geht's nach meinem Kopf,
und wer mich nicht mag – bitte sehr.

Der Empath

In einer Welt, die viel zu groß ist,
in einer Welt, wo immer was los ist,
fühle ich mich so schrecklich klein,
es fällt mir schwer, einfach nur zu „sein".

Viele Geräusche, immer und überall,
der ständige Lärm ist mir eine Qual.
Gefühle anderer Menschen sauge ich auf,
sie beeinflussen gar meinen Tageslauf.

Lange Zeit dacht ich, das wäre normal,
und meine Gefühle seien anderen egal.
Doch lange nicht jeder hat diese Gabe,
es ist besser, seit ich dies verstanden habe.

Ich will

Meine Taten bedenken!
Mein Leben selber lenken!
Bösen Gedanken ein Lächeln schenken
und mich für niemanden verrenken!

Das Alter

Viele haben Angst vor'm altern,
ich hingegen freue mich sehr.
Sicher ist mein Weg noch lang,
und hin und wieder auch mal schwer.

Ich steh nun auf Etage drei,
und bin schon auf dem Weg zur vier.
Ich freu mich auf den Blick von dort,
eine neue Aussicht zeigt sich mir.

Für viele ist das nur ein Graus,
sie wissen nicht, wie lange sie gehen.
Doch wird die Aussicht deutlich klarer,
wenn sie irgendwann oben stehen.

Wer oben steht kann weiter schauen
und alles leichter überblicken.
Viel erkennen, viel verstehen
und einen Gruß nach unten schicken.

Mein Baum

Ich geh spazieren, bin ganz allein,
lass meinen Gedanken freien Raum.
Am Wegesrand steht groß und stark,
ein wunderschöner Baum.

Ich gehe hin, berühr ihn sacht,
lehne mich langsam an ihm an.
Ich schau hinauf und frage mich,
was er mir wohl erzählen kann?

Wenn ich ihn nur verstehen könnte,
um zu lauschen seinen Geschichten.
Was er alles gesehen hat?
Was könnt er mir berichten!

Wie lange magst Du wohl hier stehen,
an diesem schönen ruhigen Ort?
Standen andere Bäume auch mal hier,
und warum sind sie alle fort?

Ich bleibe noch an seiner Seite,
wir tauschen die Gedanken aus.
Dann wird es dunkel und auch kalt,
ich mach mich auf den Weg nach Haus.

Später will ich ihn besuchen,
den Baum den ich so gerne mag.
Doch leider ist sein Platz nun leer,
dies ist ein gar schlimmer Tag.

Sonne

Ich stehe mit der Sonne auf,
denn ich brauche ihr Licht.
Ihre Wärme gibt mir Kraft,
ohne schaffe ich es nicht.

Wenn sie nicht da ist bin ich leer,
und werde traurig ganz geschwind.
Man nennt die Krankheit Depression,
ich selbst nenne mich Sonnenkind.

Nebel

Nebel im Herbst, übler Feind,
drückst mir meine Stimmung runter.
Wenn ich Dich am Morgen seh,
werd ich am Tag nicht munter.

Ich seh hinaus und werde traurig,
könnte weinen den ganzen Tag.
Ich weiß nicht was ich machen soll,
weil ich heute so gar nichts mag.

Es ist jetzt spät, ich lieg im Bett,
und ich schlafe auch bald ein.
Ich warte nun auf morgen früh
und einen Tag mit Sonnenschein.

Schwarzer Dämon

Langsam kommt er auf mich zu,
immer näher – unbeirrt.
Der Tag ist kurz, die Nacht ist lang,
ich kann nicht fliehen, mir ist so bang.

Der Schatten, der nun bei mir ist,
mich sanft umarmt, unsagbar fest.
Nimmt langsam meinen Körper ein,
ich werde traurig und unendlich klein.

Von tiefer Trauer nun geplagt,
ein dunkler Fleck auf meiner Seele.
Ich trage ihn mit mir bis zu Schluss,
wenn auch der Dämon weichen muss.

Ohne Worte

Einmal bist Du zu mir sehr nett,
und mein Herz hüpft vergnügt.
Ein anderes Mal bist Du gemein,
wie sehr doch der Schein trügt.

Es kommt unerwartet wie ein Blitz,
und tut ganz fruchtbar weh,
Mein Herz zerreißt, ich bin entsetzt,
weil ich jetzt die Wahrheit seh.

Ich wanke schon und falle gleich,
da bist Du wieder lieb.
Doch dauern wird es nicht sehr lang,
dann kommt bestimmt der nächste Hieb.

Ertragen möchte ich das nicht mehr,
ich werfe das Handtuch hin.
Ich flüchte schnell in meine Ecke,
und verlasse erschöpft den Ring.

Die Puppe

Ich lieg auf dem Bett
und es ist still.
Ich bin eine Puppe,
die keiner mehr will.

Jetzt wird es laut;
sie kommen herein.
Laufen hin und her,
ich höre sie schreien.

Dann wird's wieder leise;
alle sind fort.
Auch mich nahm man mit
an einen dunklen Ort.

Ich versteh alles nicht,
Mama hat mich doch lieb.
Auch meine Geschwister,
mit denen ich oft alleine blieb.

Doch etwas war anders
als wir sie heute trafen.
Sie nahm uns kaum wahr
und legte sich schlafen.

Wir haben gespielt,
ohne jedes Verbot.
Dann kam Mama zurück
und machte mich tot.

Engel

Hallo Engel, ihr im Himmel,
wer von Euch passt auf mich auf?
Ich möchte ja nur ungern stören,
doch wo wart Ihr, als ich euch braucht?

Ich will nicht meckern, aber doch
war das letzte Jahr bescheiden.
Geprägt von mancher schlechten Kunde,
Krankheiten und anderen Leiden.

Oder war wer da, hat mich beschützt,
währ sonst noch mehr dazu gekommen?
Es kann gut sein, ich weiß es nicht,
bin nur grad ganz doll benommen.

Ich frage jetzt mal freundlich an,
lieb habt Ihr mich doch noch!?!
Dann reicht mir bitte mal die Hand,
damit ich komm aus meinem Loch.

Angst

Ich habe ständig Angst, allem nicht zu genügen.
Ich habe ständig Angst, mich selber zu betrügen.

Ich habe ständig Angst, nicht genug zu geben.
Ich habe ständig Angst, in Angst zu leben.

Ich habe ständig Angst, nicht schön zu sein.
Ich habe ständig Angst, allein zu sein.

Ich habe ständig Angst, nicht geliebt zu werden.
Ich habe ständig Angst zu sterben.

Armes Schwein

Es war einmal ein armes Schwein,
das war auf der Welt ganz allein.
Es hatte weder Freund noch Feind,
und niemandem tat es auch nur leid.
Glaub es oder glaub es nicht,
dieses arme Schwein war ich.

Alte Haut

Alte Haut so weich und zart,
faltig und ganz stark behaart.

Tiefe Furchen an den Augen,
wozu sollen die denn taugen?

Fett am Schenkel und am Bauch,
dellig, wellig, schwabbelt auch.

Sicherlich verstehst Du mich,
all den Scheiß den will ich nicht.

Muss ich das verstehen?

Ich arbeite an einem Ort,
unter anderem mit Juristen.
Ich weiß, das klingt jetzt ziemlich hart,
doch einige sind Egoisten.

Sie leben in ihrer eigenen Welt,
eine Schreibkraft gehört nicht hierher.
Man hat studiert, hat Abitur,
man bleibt unter sich, das fällt nicht schwer.

Doch wie oberflächlich ist der Mensch,
der nur nach Bildung jemanden schätzt?
Und denkt dieser auch darüber nach,
wie sehr er andere damit verletzt?

Ich versuchte lang, das zu verstehen,
wie man so sein kann, in dieser Welt.
Denn Oberflächlichkeit ist mir zu wieder,
was zurück auf meine gute Erziehung fällt.

Zwei Welten

Wir zwei wir sind wie schwarz und weiß,
wie Feuer und wie Schnee.
Schon lange sind wir unzertrennlich,
und manchmal tut das auch sehr weh.

Wir sprechen oft verschiedene Sprachen
und leben in getrennten Welten.
Und wenn wir miteinander reden,
verstehen wir uns eher selten.

Die Worte prallen an uns ab,
denn jeder bleibt in seinem Haus.
Wir sehen uns nur durch das Fenster,
und hin und wieder komm ich hinaus.

Dann klopfe ich mal bei Dir an,
ich möchte rein und Dich verstehen.
Doch Du verriegelst schnell die Tür,
denn in Dein Herz darf ich nicht sehen.

Maulwurf

Wir hatten einen Maulwurf fein,
der grub sich in den Garten rein.
Er machte Hügel, baute Gänge,
ohne Furcht und ohne Zwänge.

Doch unser Nachbar diese Sau,
schüttete Gift in seinen Bau.
Der Maulwurf ist schon länger fort,
ich vermisse ihn an diesem Ort.

Ich überleg, was ich jetzt tu,
damit mein Hass kommt zur Ruh!
Werd dem Nachbarn die Reifen stechen
um den toten Freund zu rächen!

(Ich liebe Lyrik.)

Die Katze

Die Katze schleicht durch meinen Garten,
was sie will, hat sie mir nicht verraten.

Ich höre Spatzen in der Hecke,
da drüben an der Ecke.

Ein Spatzennest mit Jungen drin,
danach steht der Miez der Sinn.

Vater Spatz kommt aus dem Verstecke,
aus der Spatzennestheckenecke.

Ich ruf die Katz, sie kommt zu mir,
Herr Spatz, der piept: Ich danke Dir.

Tierschutz

Tierschutz ist eine gute Sache,
sinnvoll und sehr ehrenwert.

Doch wie ernst meint es der Mensch,
der auch des Tieres Fleisch begehrt?

Waidmanns Heil

In seinem Hochsitz gut versteckt,
mit dem Wurstbrot in der Hand,
wird die Tat wohl ausgeheckt,
und er wartet sehr gespannt.

Als nun ein Hirsch vor ihm erscheint,
wird das Gewehr ganz leise angelegt,
dann arglistig das stolze Tier
aus dem Hinterhalt erlegt.

Müsste er selbst dem Hirsch gegenüberstehen,
um ihn mit bloßen Händen zu erlegen,
würde er gar kläglich untergehen,
und sich schon bald vegan verpflegen.

Milch

Ach Kuh, liebe Kuh,
Du bist ein herzensgutes Tier,
und was machen wir mit Dir?

Wir töten Dein Baby
nur für ein Getränk.
Dein Herz – es trauert.
Meines ebenso, wenn ich daran denk.

Wann lassen wir Dich endlich in Ruh?

Liebst Du mich?

Ich umarme Dich, doch Du stößt mich weg,
ich versuchs erneut, doch Du lässt mich nicht.

Ich will Dir nah sein, doch Du drehst Dich um,
es tut so weh, dass mein Herz zerbricht.

Für und wider

Jede Sache hat zwei Seiten,
schwarz und weiß und heiß und kalt.

In schönen Jahren ist man dumm,
in weisen Jahren aber alt.

Irlands Straßen

Die Straßen in Irland sind sehr sehr schmal,
den Iren ist das total egal.
Die fahrn hier mit 100.
Was mich doch schwer wundert.
In Kurven da ist das fatal.

Nackter Mann

Da war einst ein Mann, der zog sich vor mir aus.
Er sagte zu mir, komm her Du süße Maus.
Ich bekam einen Schreck
und rannte schnell weg.
Sein Anblick, der war mir ein Graus.

Das Handy

Ich möcht ein neues Handy fein
und jeder mischt sich da mit ein.

Guten Sound soll es doch haben,
daran kann ich mich dann laben.

Und schön aussehen soll es auch,
wer auch immer solches braucht.

Gar zu alt sollt es nicht sein,
da muss die neuste Software rein.

Ne gute Kamera darf nicht fehlen,
darf wohl die Eos nicht mehr quälen.

Und das Display soll auch sein vom Besten,
sowas muss ich vorher testen.

Hin und wieder hab ich gedacht:
Hätt ich's doch allein gemacht!

Mein Weg zur Arbeit

In meinem Auto fahre ich herum,
es ist früh und ich bin müde.
Jetzt kommt da einer angerast,
er kommt mir nah, verhält sich rüde.

Er fährt dicht auf, er drängelt mich,
sogar von Nötigung will ich sprechen.
Dann endlich überholt er mich,
hab das Gefühl, ich will mich rächen.

Ich tu es nicht, verhalt mich ruhig,
er fährt vorbei, schert vor mir ein.
Zu guter Letzt werd ich geschnitten,
ich denk: Dem hau ich gleich eine rein.

Er rast voraus, ist ganz weit vorn,
doch an der Ampel muss er warten.
Ich fahr ruhig weiter, hole auf,
ich habe wohl keine Zeit verbraten.

Ich seh das Auto und wundere mich,
was fällt nur diesem Menschen ein?
Am Heck muss ich den Fisch erblicken,
soll DAS Nächstenliebe sein?

Die Ampel wird grün, wir fahren weiter,
und ich muss dann überlegen:
Wenn er schon das Zeichen trägt,
müsst er es dann nicht auch leben?

Heiß

In Gedanken bin ich oft bei Dir,
wie pikant das ist, das schreib ich hier.
Ich kann nicht anders – wirklich nicht,
war mitten drin, ganz schnell und schlicht.
Die Flamme brennt ganz hell und klar,
ist gut zu sehen und leider wahr.
Ich habe große Angst mich zu verlieren
und weiß nicht, was kann ich riskieren.
Ich bin nicht gemacht für große Lügen,
auch will ich niemanden betrügen.

Verstand und Herz beginnen zu schreien.
Vernunft und Sehnsucht stimmen mit ein.

Denke weise – dacht ich leise!

Dann schau ich Dir in Dein Gesicht:
Eine Zukunft bietest DU mir nicht!

Gedanke

Gedanke, bleib hier, bei mir im Raum!
Gedanke, bleib hier, werde nicht zum Traum!
Gedanke, bleib hier, wo willst Du hin?
Gedanke, bleib hier, geh nicht zu ihm!

Ich muss lernen mich zu zentrieren,
sonst wird meine Seele langsam erfrieren.

Verbotene Früchte

Ich habe einen jungen Baum,
kann die ersten Früchte pflücken.
Sie sind recht kein doch richtig süß
und werden mich sehr verzücken.

Doch drüben, da auf Nachbars Grund,
steht auch ein hübscher Baum.
Ich schau ihn an, bewundre ihn,
und zügeln kann ich mich kaum.

Soll ich es wagen dran zu naschen,
was ist, wenn mich da jemand sieht?
Oder geb ich mich mit dem zufrieden,
was mir mein eigenes Bäumlein gibt.

Bei meinem Baum weiß ich gewiss,
was ich von ihm bekomme.
Drum pflück ich lieber nur bei ihm,
und das tu ich mit Wonne.

Es war einmal…

Du bist weit weg, doch Du bist mir nah,
ich mag dich wirklich sehr!
Ich weiß nicht wie ich handeln soll
und das fällt mir wirklich schwer.

Du fühlst nicht so, das ist mir klar,
mein Herz zieht sich zurück.
Ich werde kämpfen wie ein Stier
und ich „entlieb" mich mit viel Glück.

Ich weiß nicht, ob ich Dich nur will,
weil ich Dich nicht haben kann.
Was es auch ist, ich drück es weg
und es verschwindet irgendwann.

Doch eines möcht ich zu gern wissen:
Wie es sich anfühlt, Dich zu küssen.

Für immer

Wir haben uns lange gesucht,
und dann endlich gefunden.
Wir sind füreinander da,
und auf ewig verbunden.

Der Aal

Zwischen uns ist es eiskalt,
es sind zu viele Fragen offen.
Ich habe sie Dir oft gestellt,
doch auf Antwort mag ich kaum hoffen.

Wenn wir uns einmal begegnen,
weichst Du mir schnell aus,
wenn ich Dich doch zu packen kriege,
windest Du Dich raus.

Du tauchst schnell ab in die heile Welt,
wo Dir nichts passieren kann.
Konflikte kann man so nicht lösen,
hoffentlich verstehst Du das irgendwann.

Kirchensteuer

Kirchensteuer ja oder nein?
Das frag ich mich seit langer Zeit!
Ja, ich bin ein fleißiger Zahler,
doch bin ich noch dazu bereit?

Wohin geht das Geld genau?
Wofür zahl ich, wofür nicht?
Wenn es für gute Zwecke ist,
ist es dann nicht meine moralische Pflicht?

Ich merke hier, ich habe Kummer,
denn mein eigentliches Problem,
das ist klar, liegt ganz woanders:
Ich würd mich als Schmarotzer sehen.

…Ende offen.

Ich hätte so gern…i

Ich hätte so gern eine Mutter,
die mir sagt, dass sie mich liebt.
Ich hätte so gern eine Mutter,
die mir Kraft und Stärke gibt.

Ich hätte so gern eine Mutter,
die zu mir sagt: Ich liebe Dich.
Ich hätte so gern eine Mutter,
die nicht ständig sagt: Das schaffst Du nicht..

Ich hätte so gern eine Mutter,
die auch mal mit mir trauert.
Ich hätte so gern eine Mutter,
die sich nicht ständig selbst bedauert.

Aber Mama ist so wie sie ist,
ändern werde ich es nicht.

Traurig

Ich bin so traurig und kann nicht lachen.
Was soll ich denn der Welt vermachen?

Werde ich Spuren hinterlassen?
Wenn ja, wann werden sie verblassen?

Wenn nein, hat es mich überhaupt gegeben?
War es dann ganz umsonst, mein Leben?

Gefangenes Kind

Ich war als Kind zu sehr behütet,
durfte wenig, hab mich nichts getraut.
Das war durchaus gut gemeint,
doch hat es mir einiges verbaut.

Ganz auf mich allein gestellt,
war ich standhaft wie ein Blatt.
Wehte ständig hin und her
lag dann da, zerfetzt und platt.

Erlernen muss ich es dann jetzt,
wie ich zur Wehr mich setzen kann.
Dies fällt mir zwar noch recht schwer,
doch ich schaffe es – irgendwann.

Mein Baby

Ich wollte Dich mein ganzes Leben,
ich hab so oft an Dich gedacht.
In meinen Träumen warst Du da,
es war einfach wunderbar.
Nun solltest Du in unser Leben hinein
und mit Dir sollte es vollkommen sein.
Wir haben viel versucht,
wir haben alles gegeben.
Doch Du wirst nicht leben.

Warum?

Warum weint niemand mit mir um mein Baby?
Ist es die Angst mich zu verletzen?
Ist es die Angst vor der eigenen Verletzlichkeit?
Bei einigen ist es sicher Gleichgültigkeit.
Doch ich bin mir nicht gleichgültig!
Ich weine um mein Baby, wenn mir danach ist.
Und genau jetzt ist mir danach…

Depression

Ich lieg im tiefen Loch ganz platt
es ist dunkel und auch kalt.
Es scheint nicht mal ein Licht hinein,
hoffentlich ändert sich das bald.

Ich fühl mich und ich fühl mich nicht,
bin taub und weiß nicht was ich bin.
Mein Herz zerreißt, es tut so weh,
das hat doch alles keinen Sinn!

Das Leben ist nicht lebenswert,
es ist nur eine große Qual.
Ich kann nicht essen, kann nicht schlafen,
und mir ist alles recht egal.

Ich will nur weg von diesem Ort,
egal wohin, ich will nur fort.
Da oben ist ein kleines Licht,
es scheint mir sachte ins Gesicht.

Es kommt ein Wesen zu mir hinunter,
es ist ganz zart - zugleich putzmunter.
Es reicht mir langsam seine Hände,
ich kämpf mich hoch die steilen Wände.

Ich bin auf einem guten Weg,
weil ich jetzt starke Hilfe hab.
Ich schau nach oben, nicht zurück,
und hoffe, ich stürze bloß nicht ab.

Mauern

Regeln, Grenzen und Verbote,
hört sich schon mal nicht gut an.
Sinnvoll sind sie nur zum Teil.
Mut muss her, komm sei nicht bang.

Wer sagt, dass Dinge SO sein müssen?
Wer sagt, dass man das SO nicht macht?
Wer sagt, dass das SO gar nicht geht?
Ich tat's, dann habe ich gelacht.

Man sollt auch links und rechts mal schauen,
Grenzen sind da zum Überwinden.
Solange man niemandem schaden wird,
wird man seinen eigenen Weg schon finden.

Liebe

Ich bin ganz klein und sitze hier,
ich weiß nicht was zu tun mit mir.
Ich bin oft still und will nicht stören,
dass ich geliebt wird will ich hören.

Doch niemand sagt es mir, das Wort,
welches mir fehlt und in mir bohrt.
Es frisst mich auf, ganz link und fies,
ich fühle mich ganz furchtbar mies.

Werd ich überhaupt geliebt?
Wo ist der Mensch, wenn es ihn gibt?
Bin ich es wert geliebt zu werden?
Ich kann den Kummer kaum verbergen.

Doch einen gibt es, der mich liebt!
Ich weiß gewiss, dass es ihn gibt.
Er ist mir nah, denkt oft an mich,
denn wer mich immer liebt, bin ich.

Tod

Das große unbekannte Wesen,
das jeder kennt und niemand mag.
Ist weit entfernt, doch immer nah,
egal ob nachts oder am Tag.

Manchmal kommt er unerwartet,
manchmal sogar mit Termin.
Ich kann mich nicht vor ihm verstecken
und frag mich, wo bringt er mich hin.

Werde ich zu einem Stern?
Werde ich zu einem Geist?
Komm ich etwa in den Himmel?
Werd ich vom Regenwurm verspeist?

Ich glaube, der Mensch hat eine Seele,
stirbt der Körper so darf sie gehen.
Sie steigt hinaus ganz wunderschön,
zieht strahlend los und bleibt nicht stehen.

Sie fliegt von hier, nach da, nach dort,
wo sie als Mensch so gern gewesen ist.
Fliegt durch die Zeit, lädt sich neu auf,
bis sie das Dasein als Mensch vermisst.

Im Wald

Ich war als Kind schon oft im Wald,
und war auch immer lieb.

Hab Hase, Reh und Hirsch gesehen,
was mir in Erinnerung blieb.

Wir gingen kreuz und quer, waren überall,
und kannten jeden Baum.

Im tiefen Dickicht, weitab vom Weg,
andere Menschen sahen wir kaum.

Haben Pilze gesammelt, vieler Sorten,
für eine Suppe zum Mittagstisch.

Und ich sag es jetzt und hier mal laut:
Ich glaube Schlümpfe gibt es nicht.

Der Igel

Ein Igel auf der Autobahn,
ich habe ihn leider überfahrn.

Konnte ihn zu spät erst sehen,
musste in die Eisen gehen.

Das ging alles viel zu schnell,
der Igel war wohl auch nicht hell.

Für ihn schrieb ich dieses Gedicht,
so vergessen wir ihn nicht.

Der Baum

Ich habe einen großen Traum,
ich werd beim nächsten Mal ein Baum.

Werd schön und voller Stolz dort stehen,
und mir Tier und Mensch ansehen.

Nur was tut er, dieser Mann?
Pinkelt mir an meinen Stamm!

Lass es noch durch den Kopf mir gehen,
hab Elend schon genug gesehen.

Weihnachten

Wir haben bald den Heiligen Abend,
darauf freue ich mich schon sehr.
Obwohl das Treffen vieler Menschen
fällt mir sicherlich sehr schwer.

Besinnlich soll die Zeit doch sein,
und kein Gehetze von hier nach da.
Bin im Moment da recht empfindlich,
nehme Stress nun doppelt wahr.

Ich würde am liebsten zu Hause bleiben,
mich einigeln in meinem Nest.
Ich hoffe, ich überstehe es gut,
dieses wunderschöne Fest.

Julfest

Ich habe mich mal schlau gemacht,
na, wer hätte das gedacht?
Habe gegoogelt und gelesen,
was war an Weihnachten gewesen.

Jesus wurde dort nicht geboren,
dieses Datum ist nicht wahr.
Und dieser große Feiertag
war lange vor Jesus schon da.

Das Julfest wurde es genannt,
an der Wintersonnenwende.
Die Christen haben es sich leichtgemacht,
so nahm das Heidentum sein Ende.

NEIN

Am gestrigen Tag war es soweit,
es musste dazu kommen.
Ich wagte es, ich sagte NEIN –
ich hab mich nicht benommen.

Ich fühle mich so furchtbar schlecht,
bin traurig und allein.
Ich weiß, was man von mir verlangt,
doch SO will ich nicht sein.

Ich will das tun was mir gefällt,
doch es fühlt sich nicht gut an!
Ich sollte es doch jetzt genießen,
doch das ist das, was ich nicht kann.

Zurück möchte ich auch nicht mehr,
das gesagte „NEIN" das steht.
Es wird für mich ein langer Weg,
bis es mir damit besser geht.

Wo ist mein Weg?

Ich steh vor der Tür,
doch sie ist zu.
Wo ist mein Weg?
Wann komm ich zur Ruh?

Ich hetze und renne,
Meile um Meile.
Ich komm nicht ans Ziel.
Ich bin doch in Eile!

Ich will endlich ankommen,
ganz egal wo,
will raus aus der Dunkelheit,
ich hasse sie so.

Will Licht wieder sehn,
mich freuen am Leben.
Ich brauche viel Kraft,
wer kann sie mir geben?

Grad sah ich das Licht,
doch nun ist es weg.
Der Weg war doch falsch,
verdammter Dreck!

Ich & Ich

Ich liege hier, bin winzig klein
ich habe Angst und bin allein.
Ich weine viel, was ist mit mir los,
mir fehlt etwas, der Verlust ist groß.

Ich betrete den Raum, ich sehe Dich
ich komme näher, jetzt siehst Du mich.
Ich nehme Dich hoch, in meinen Arm,
Du kuschelst Dich an mich, unser Herz wird warm.

Mein ICH vor 40 Jahren
und mein ICH vom heutigen Tag,
trotzen Zeit und Raum
und halten uns fest in den Armen
so dass die Wunde heilen mag.

Gut genug?

Für was bin ich denn gut genug?
Fragte ich mich und hab gedacht:
Für alles was ich wirklich will,
mir gut gefällt und Freude macht.

Für wen bin ich denn gut genug?
Fragte ich mich und hab gedacht:
Für den der mich auch respektiert,
mich glücklich macht und mit mir lacht.

Und wie bin ich denn gut genug?
Fragte ich mich und hab gedacht:
Ganz genau so wie ich bin!
Egal ob sich ein Reim draus macht.

Freund oder Feind

Die Musik ist für mein Leben wichtig,
ich kann entspannen, dem Stress entschwinden.
Die Musik kann meine Wunden heilen,
das Licht in meiner Seele finden.

Ich schwebe gerne durch die Klänge,
egal, ob in Moll oder in Dur.
Ich geb mich ihnen völlig hin,
denn Rammstein schenkten mir „Amour".

Will ich mir etwas Gutes tun,
und in mir ruhen wie ein Fels,
so werde ich mich weit weg träumen,
und das kann ich gut mit „Tublular Bells".

Zuviel jedoch vom falschen Lärm
sollt ich wirklich nicht lang hören.
Denn anstatt mir gut zu tun,
wird er mein Innerstes zerstören.

Im Wartezimmer

Der Raum ist voll, man schweigt sich an,
den Blick gesenkt, tief in Gedanken.
Jeder hier ist nur für sich,
gefangen in den eigenen Schranken.

Der eine liest in einer Zeitschrift,
der andere schreibt ein Gedicht,
der dritte kümmert sich ums Smartphone
doch miteinander reden tut man nicht.

Verlangen

Ich warte auf Dich,
gleich wirst Du kommen.
So sanft bist Du, so schön bist Du.
Schwarzer Samt - er kleidet Dich.
Zart und weich Dein Kuss.
Du riechst so gut, Du schmeckst so zart.
Die Lippen so feucht, der Mund so nass.
Ich will Dich ganz für mich allein,
dann dringst Du langsam im mich ein.
Mein geliebtes Pint Guinness.

Ein Jahr als Baum

Baum im Herbst, wie fühlt es sich an,
wenn Dir der Sturm die Blätter nimmt?
Bist Du traurig und geknickt,
oder bist gar froh gestimmt?

Baum in Winter, ist Dir kalt,
wenn der Schnee dick auf Dir ruht?
Oder schläfst Du tief und fest,
wie es auch der Igel tut?

Baum im Frühling, wird Dir warm,
bei dem ersten Sonnenschein?
Wenn die Knospen an Dir sprießen,
schießt neues Leben in Dich hinein.

Baum im Sommer, ach wie schön,
wenn Deine Blätter rauschen.
Wenn in Dir das Leben tobt,
würd ich so gerne mit Dir tauschen.

Artikel 6 Grundgesetz

Sie legten Dich in meinen Arm, ich sah Dich an,
ich bin immer für Dich da
– bis ein Gericht uns trennt.

Wenn Du hungrig bist, ob Tag oder Nacht,
bin ich da und gebe Dir die Flasche
– bis ein Gericht uns trennt.

Wenn Du nachts weinst, stehe ich auf,
nehme Dich in den Arm,
wiege Dich wieder in den Schlaf
– bis ein Gericht uns trennt.

Wenn Du krank bist, kümmere ich mich um Dich,
bin rund um die Uhr für Dich da
– bis ein Gericht uns trennt.

Nur weil ich Dich nicht geboren habe
darf ein Gericht uns trennen.

Stern am Himmel

Stern am Himmel - weit entfernt,
ich schau Dich an und denke mir:
Könnt ich doch fliegen, weit und hoch,
dann wäre ich ganz schnell bei Dir.

Ich träume mich zu Dir hinauf,
wie es wohl auf Dir aussehen mag.
Bist Du fest aus Stein und Sand,
gibt es bei Dir Nacht und Tag?

Oder bist Du schon gestorben,
sehe ich nur noch Dein Licht?
Ich denke und ich grüble lang,
doch wissen werde ich es nicht.

So klein bin ich, unendlich winzig,
wir alle hier unten irgendwie.
Und manche sind gar egoistisch,
verstehen werde ich das nie.

Der Hass

zieht Energie – gibt aber keine zurück.
Er kennt nur Neid und Selbstsucht.
Er ist sympathielos und überheblich.
Hass ist verletzend und nur auf das Selbst bedacht.
Er ist reizbar und nachtragend.
Er erfreut sich an Unrecht und erträgt nicht die Wahrheit.

Hass erträgt jedoch nicht alles und hält nichts stand.
Durch ihn gewinnt man keine Freunde oder Liebe.

Wer hasst wird irgendwann den Weg durch die Wut und Bosheit in die Einsamkeit gehen – allein.

Regen

Wenn es regnet berührt der Himmel die Erde.
Ich bin gerne bei Regen.

Nina

Ich bin oft zu zweit allein,
ich möchte immer bei mir sein.
Doch zu oft lass ich mich im Stich,
ich bin feige – ich schäme mich.
Ich habe weder Kraft noch Mut,
stark zu sein täte mir gut.
Alleine macht es keinen Sinn,
denn zusammen sind wir was ich bin.

„Du bist gewillt, hier zu bestehen,
Mit Schwert und Schild Deinen Weg zu gehen,
Vereinst Dein Herz mit Deinem Verstand.
Du kennst den Schmerz, ist Dir bekannt,
Du schneidest nicht ins eigene Fleisch
Und leidest nicht mehr, weil Du weißt,
Dass Du Dich von der Angst entfernst,
Wenn Du Dein Schwert zu führen lernst."

Text: Michael DJ Beck, Thomas Dürr, Andreas Rieke und
Michael B. Schmidt
© Emi Quattro Musikverlag GmbH